ÁLVARES DE AZEVEDO

Produção editorial

Monique Mendes

Revisão

Elvia Bezerra e Gilberto Araújo

Projeto gráfico e Editoração eletrônica

Estúdio Castellani

Catalogação na fonte:
Biblioteca da Academia Brasileira de Letras

C824 Correia, Marlene de Castro.
Álvares de Azevedo : cadeira 2, patrono / Marlene de Castro Correia. – Rio de Janeiro : Academia Brasileira de Letras ; São Paulo : Imprensa Oficial do Estado, 2010.
64 p. ; 18,5 cm. – (Essencial ; 25)

ISBN 978-85-7440-164-5 (Academia Brasileira de Letras)
ISBN 978-85-7060-691-4 (Imprensa Oficial do Estado de São Paulo)

1. Azevedo, Álvares de, 1831-1852. I. Imprensa Oficial do Estado (SP). II. Título: Cadeira 2, patrono. III. Série.

CDD B869.92

Esta edição adota o *Novo Acordo Ortográfico da Língua Portuguesa.*

025

Série Essencial

Álvares de Azevedo

Cadeira 2 / Patrono

Marlene de Castro Correia

Academia Brasileira de Letras

imprensaoficial

Álvares de Azevedo

Marlene de Castro Correia

A reavaliação hoje, ano da graça de 2010, da poesia de Álvares de Azevedo – nascido em 1831 e morto em 1852 – começa por descartar versos e/ou poemas que nos soam despersonalizados e artificiais, em função de estereótipos românticos, de sentimentalismos exagerados e de inflexões flagrantemente "literárias", que os tornam irremediavelmente datados. Ela termina, no entanto, por constatar o acerto de algumas de suas opções estéticas entre os múltiplos caminhos que o Romantismo lhe descortinava. Escrevendo toda a sua obra entre 1848 e

1852, quando cursava a Faculdade de Direito em São Paulo, onde nasceu, o rapaz mal saído da adolescência soube discernir, no horizonte de possibilidades que lhe oferecia seu momento histórico-cultural, as inscrições que assegurariam a sua singularidade no panorama da poesia brasileira do tempo. Mais ainda: na rica mina do Romantismo, soube explorar um filão menos esgotado e de vida mais longa, que lhe garantiria ultrapassar a sua época, permitiria a poetas posteriores com ele dialogar e autorizaria os críticos do futuro a tecer uma rede de afinidades entre a sua obra e a poesia do século XX.

Muito da originalidade e vitalidade de Álvares de Azevedo* deriva da valorização poética do cotidiano, da tematização do homem enquanto consciência dramatizada por dicotomias, da concepção e prática do discurso como lugar de embate entre registros emotivo-estéticos dissonantes, do uso de matizado e refinado humor. Ainda que disseminadas por vários poemas, essas qualidades encontram sua realização mais concentrada e plena em "Ideias Íntimas". O verso "Reina a desordem pela sala antiga", que inicia o fragmento III dessa incon-

* Usou-se a seguinte edição: AZEVEDO, Álvares. *Poesias Completas*. Introdução de Péricles Eugênio da Silva Ramos. Texto fixado e anotado por Frederico José da Silva Ramos e Péricles Eugênio da Silva Ramos. São Paulo: Saraiva, 1957. [N. da O.]

testável obra-prima, vale no sentido figurado como síntese da face mais iconoclasta de *Lira dos Vinte Anos* em relação aos padrões da poesia brasileira da época. Transcendendo a sua função denotativa, a "sala" institui-se como signo metonímico e metafórico da interioridade do sujeito lírico. A projeção do *eu* na realidade exterior ou a assimilação do espaço objetivo ao subjetivo é um traço representativo do Romantismo; mas, enquanto a maioria dos autores de então recorrem a espaços e fenômenos considerados magníficos e prestigiosos, tais como o oceano, o lago, a montanha, a tempestade e congêneres, Álvares de Azevedo elege o espaço imediato e prosaico do seu quarto como símile do *eu* desordenado e tumultuado por contradições e dualidades.

No contexto do poema, que focaliza em termos concretos e plásticos (livros e retratos de escritores), o universo cultural e literário do autor, o verso em pauta ("Reina a desordem pela sala antiga", reitere-se) alude não apenas à desarrumação dos aposentos do jovem poeta e estudante de Direito (o sujeito lírico assim se identifica) e ao seu tumulto interior, mas também assume significação metapoética, autocaracterizando o espaço discursivo de "Ideias Íntimas" em particular e de *Lira dos Vinte Anos* em geral. Nesse espaço discursivo, que subverte as categorias tradicionais e transgride o código dominante na poesia brasileira do tempo, convivem referências absolutamente díspares, como retratos dos monstros sagrados Victor Hugo e Lamennais e garrafas de *cognac*; livros dos amados Byron e Musset e charutos, cachimbos e cigarros; fotografias do pai e da mãe venerados e candieiros, teias de aranha e roupas espalhadas pelos móveis. Nivelando objetos heteróclitos, rompendo com a hierarquia entre referentes poéticos e prosaicos, nobres e vulgares – "Marca a folha do *Faust* um colarinho" –, dessacralizando o sagrado e sacralizando o corriqueiro, Álvares de Azevedo instaura a "desordem" no espaço poético do Romantismo brasileiro. Cumpre assim, de forma exemplar, a função que um século depois Carlos Drummond de Andrade atribuirá ao poeta: "imagina uma ordem nova; ainda que uma nova desordem, não será bela?" ("A Luís Maurício Infante").

Álvares impregnou de valores inusitados vocábulos relativos a ações e comportamentos do sujeito poético situados na esfera do cotidiano. É o que ocorre com os termos "cigarro", "charuto", "cachimbo", os quais, no vasto elenco de referências ao âmbito do prosaico, ressaltam como as mais reiteradas, indiciando que o poeta os utilizou como pontas-de-lança na sua estratégia para demolir preconceitos e construir o inesperado. A dissonância – que viria a ser a categoria-chave da poesia moderna – é o princípio estruturador do título "*Spleen* e Charutos" e dos seis poemas que sob ele se agrupam, considerados por Antonio Candido "um conjunto excepcional em nossa literatura, pela alegria saudável, graciosa, a dosagem exata do humor [...]". Alguns deles o crítico os classifica como "pequenas obras-primas no gênero"[1]. Em "Meu Anjo", poema II da referida série, "charuto" surge como símile da figura feminina e "cachimbo" aparece associado ao devaneio amoroso do eu lírico: "Formosa a vejo assim entre meus sonhos / Mais bela no vapor do meu cachimbo". Em "Vagabundo", a palavra "cigarro" integra um sistema de imagens de liberdade e poesia, de menosprezo a valores burgueses, que individualizam – à semelhança do herói "sem lenço sem documento" de Caetano – o sujeito poético "sem bolsos nem dinheiro", que proclama "Minha pátria é o vento que respiro". O poema sugestivamente intitulado "Terza Rima", pequena joia de humor, entoa uma ode ao "cigarro", ao "cachimbo" e ao "charuto", louvados como fontes não só de prazer para os sentidos e para a "alma", como também de satisfação de necessidades estéticas.

Como se conclui pelos versos transcritos, Álvares de Azevedo empregou polissemicamente palavras referentes ao cam-

---

[1] CANDIDO, Antonio. *Formação da Literatura Brasileira* (Momentos decisivos). Tomo II. 2.ª ed. São Paulo: Martins, 1969, p. 188.

po semântico de **fumar**, extrapolando sua função designativa; mais do que isso, converteu-as em índices de uma atitude do sujeito lírico diante do real e de um modo específico de estar-no-mundo. Articulando-as, em regime de oposição, com "febre", signo de urgência vital, de inspiração apressada e inflamada, de ânsia de amor, exacerbação dos sentidos e delírio erótico, recorrente em sua obra, correlacionou-as com as noções de distensão e recolhimento, de devaneio e interiorização. Como diria Ezra Pound, usou-as de forma "brilhante e memorável".[2] Por isso, minimizando as diferenças e enfatizando as convergências, é possível ao leitor evocar "Ideias Íntimas" e "*Spleen* e Charutos" quando depara com os versos finais de "Poema Só para Jaime Ovalle", de Manuel Bandeira:

> Então me levantei,
> Bebi o café que eu mesmo preparei,
> Depois me deitei novamente, acendi um cigarro e
> fiquei pensando...
> – Humildemente pensando na vida e nas mulheres que amei.

---

[2] POUND, Ezra. *ABC da literatura*. São Paulo: Cultrix, 1970. pp. 40-1.

(O título *Lira dos Cinquent'anos*, que dialoga com *Lira dos Vinte Anos*, sugere não apenas a autoironia de Bandeira na tácita alusão ao fato de sua tuberculose não o haver vitimado na casa dos vinte, como ocorreu com Álvares e outros românticos, mas também insinua, com a ambiguidade característica da paródia, a consciência de afinidades com a obra do jovem poeta – o sentimento obsessivo da morte, a valorização poética do prosaísmo cotidiano e o humor).

Não se esgota, porém, nas significações referidas a polivalência dos termos "charuto", "cigarro" e similares; tampouco apresentam eles valores harmoniosos entre si. A ostensiva insistência dessas imagens e a sua utilização privilegiada como título de um conjunto de poemas – "*Spleen* e Charutos" – revelam o empenho do poeta em configurá-las como emblemas do sujeito lírico e do seu universo interior e como elementos integrantes da construção mitológica da *persona* poética. Em "Ideias Íntimas" elas se organizam como signos externos de sensação de tédio e melancolia, ânimo depressivo, transgressão de normas, atitude de superioridade e distanciamento humorístico diante do próprio *eu* e do real:

Parece-me que vou perdendo o gôsto,
Vou ficando *blasé*, passeio os dias

Pelo meu corredor, sem companheiro,
Sem ler, nem poetar. Vivo fumando.
Minha casa não tem menores névoas
Que as deste céu d'inverno... Solitário
Passo as noites aqui e os dias longos;
Dei-me agora ao charuto em corpo e alma;
....
Se assim me continuam por dois meses
Os diabos azuis nos frouxos membros
Dou na Praia Vermelha ou no Parnaso.[3]

Os versos acima transcritos pertencem ao fragmento I; no XIV (e último) ocorre o retorno das imagens iniciais, amplificadas por sua colocação no fecho do poema e que agora estão associadas às noções de controle intelectual da "desordem" e de recuperação da claridade da razão:

Parece que chorei... Sinto na face
Uma perdida lágrima rolando...
Satã leve a tristeza! Olá, meu pajem,

---

[3] Alusão metonímica ao hospício que se situava na Praia Vermelha, em prédio depois ocupado pela UFRJ. [N. da O.]

Derrama no meu copo as gotas últimas
Dessa garrafa negra...
Eia! Bebamos!
És o sangue do gênio, o puro néctar
Que as almas de poeta diviniza,
O condão que abre o mundo das magias!
Vem, fogoso *Cognac*! É só contigo
Que sinto-me viver. Inda palpito,
....
Eu me esquecia:
Faz-se noite; traz fogo e dous charutos.
E na mesa do estudo acende a lâmpada...

O que era "nova desordem" na poesia do século XIX – a ruptura da hierarquização de assuntos, temas e motivos, em poéticos e prosaicos – posta em prática entre os grandes românticos brasileiros apenas por Álvares de Azevedo – viria a tornar-se "ordem nova" no Modernismo, visto que neste constituía reivindicação de um programa de ação grupal. O fato de a poetização do cotidiano empreendida pelos modernistas não ser tributária direta de sua obra, e sim da vanguarda europeia de início do século, em nada obscurece o pioneirismo solitário de Álvares de Azevedo.

O prefácio à segunda parte de *Lira dos Vinte Anos* adverte o leitor:

> [...] a unidade deste livro funda-se numa binomia. Duas almas que moram nas cavernas de um cérebro pouco mais ou menos de poeta escreveram este livro, verdadeira medalha de duas faces.

A intuição certeira do jovem escritor soube distinguir no manancial do Romantismo os temas que ainda não se haviam exaurido. Ao fazer da cisão da consciência e das contradições do ser os fundamentos da sua poética, ele como que apostou no futuro, pois a literatura do século XX radicalizou a crise do sujeito e sua consequente dissociação interior. O dilaceramento do eu lírico, que se debate continuamente entre antinomias irredutíveis, ganha acentos de intensa dramaticidade em sua obra. O conflito entre o ideal e o real, a veemência do desejo e a pungência da frustração, o desdobramento do sujeito em um *eu* que sonha e um *eu* que zomba do próprio sonho, a autoidentificação como libertino embriagado de satanismo e como adolescente ávido e temeroso de amar, a oposição "sonhos de ventura" / "esperança morta", o sentimento de autopiedade e a corrosão da autoironia, as visões e fantasias lúbricas e a idealização do amor constituem as diversas inscrições nas duas faces da medalha.

Em virtude das tensões dramáticas que a dinamizam, a poesia de Álvares de Azevedo estrutura-se como discurso repleto de virtualidades teatrais. Estas são mais integralmente atualizadas em "Ideias Íntimas". O poeta compõe o espaço físico em que o sujeito lírico desenvolve suas reflexões e desnuda suas emoções como um meticuloso *metteur-en-scène*, o qual vai dispondo no palco objetos de natureza heterogênea, mas que cumprem todos a mesma função: criar um cenário que fale do personagem – excêntrico *flâneur* que nele passeia e medita – indiciando sua classe econômica e social, sua formação cultural, preferências literárias e orientação estética, seu perfil psicológico, conflitos existenciais e emocionais, suas aspirações amorosas.

Cada uma das diversas referências que constroem a minuciosa cenografia do texto – retratos de escritores, exemplares de obras literárias, livros de Direito, fotografias dos pais, "o leito juvenil", quadros, gravuras e figuras, "uma estampa de bela adormecida", a cômoda em que se misturam o copo de *cognac* e o licor de flores de laranja para os nervos, o charuto, o cigarro e o cachimbo, a "estante pulvurenta", "a roupa sobre as poucas cadeiras" – cada uma dessas referências, dizíamos, mais do que signo-objeto, constitui signo de signo, processo de codificação que é o mais peculiar ao teatro.[4] Também o desarranjo/arranjo que preside à disposição das peças do cenário funciona como signo de signo, concretizando em imagens plásticas o espaço da interioridade do personagem: "Como outrora do mundo os elementos / Pela treva jogando cambalhotas, / Meu quarto, mundo em caos, espera um *Fiat*".

No fragmento II, que descreve as "mil figuras" que decoram um dos recintos do cenário, o leitor-espectador vê-se diante de um discurso pictórico que corporifica e reduplica significações metaliterárias do texto e diretrizes estéticas do poeta-personagem: a mistura de categorias, o gosto do contraste, a atração pelo disforme e o apreço do caricato. As "figuras" descritas são materializações plásticas quer da tensão Ariel/Caliban, personagens de Shakespeare, convertidos no segundo prefácio de *Lira* em arquétipos da "binomia" do autor, quer da convivência do sublime e do grotesco do prefácio de Cromwell, de Victor Hugo, cujo retrato pende na "sala" do cenário... Provavelmente porque o belo e o sublime gozavam da preferência dos poetas e do público brasileiro da épo-

---

[4] Cf. BOGATYREV, Petr. "Os Signos do Teatro". *In*: GUINSBURG, J. *et alii*. *Semiologia do Teatro*. São Paulo: Perspectiva, 1978. p. 72. [N. da O.]

ca, Álvares de Azevedo, em sua busca da diferença, carrega nas tintas do prosaico, do feio e do grotesco: "Borra adiante folgaz caricatura / Com tinta de escrever e pó vermelho / A gorda face, o volumoso abdomem, / e a grossa penca do nariz purpúreo".

Como se pode perceber, sob a aparente espontaneidade e naturalidade, "Ideias Íntimas" é um poema complexo e sofisticado (da melhor sofisticação, aquela que se confunde com simplicidade). Sua "bem entramada sintaxe"[5] vai imbrincando e articulando significações várias e funções diversas para cada enunciado, para cada signo; nele nada é singelo, e se em alguns momentos produz tal impressão, esta se deve à fingida ingenuidade do humor e à simulada inocência do poeta-protagonista. (Não se pretende negar que parte da obra do poeta peca por excesso de pretensão e literatice, – formas em que se manifesta o ingênuo – ou por espontaneidade demasiada, sem a dose necessária de reelaboração poética da experiência vital. Nos seus melhores poemas, no entanto, – e entre eles "Ideias Íntimas" ocupa o primeiro plano – surpreende a sua maturidade artística.)

---

[5] "e bem entramada sintaxe" é um verso famoso de João Cabral de Melo Neto, do poema "Escritos com o Corpo", de *Serial*. [N. da O.]

O fragmento VI introduz no discurso e coloca na cena do texto o objeto sobre o qual incidirão com mais frequência a iluminação e a fala do poema-espetáculo: o “leito” do sujeito lírico-personagem. Nas partes VI, VII, XI, XII é ele o ponto de referência a partir do qual se dispõem outros importantes elementos da cenografia: “Junto do leito meus poetas dormem / – O Dante, a Bíblia, Shakespeare e Byron – / Na mesa confundidos”. Em suas adjacências situam-se a “estampa de bela adormecida”, a “pálida sombra de mulher formosa”, retratos do pai e da mãe. Assim, por contaminação metonímica, vai-se tecendo de forma tácita e sutil a significação de “leito” no poema: espaço de leitura, de devaneio amoroso, de afeto e saudades filiais. Os fragmentos VIII, IX e X põem em foco o “leito” como centro da cena, reiteram e ampliam a sua significação: lugar de evasão do real, de refúgio na literatura, no “licor” e no “fumo”, de ânsia de amor, de fantasias e delírios eróticos, de sonhos de realização poética; mais do que tudo, no entanto, ele é o *topos* do desejo insatisfeito e da frustração erótico-amorosa. E é com um discurso particularmente ambíguo, misto de confissão sem censura nem pudor e de leve tonalidade autoirônica (talvez por contágio da atmosfera humorística do poema) que o sujeito poético fecha o fragmento: “[...] e eu acordava / Arquejando a beijar meu travesseiro?”

Outros procedimentos que convergem para a teatralidade de "Ideias Íntimas" são o emprego frequente de linguagem gestual e alusões constantes a ações do sujeito poético, delineado portanto não apenas pelo que sente e pensa, mas também pelo que faz, técnica de caracterização que é a mais adequada ao teatro; em decorrência, emerge do poema uma psicologia extrospectiva[6], relativa à esfera do comportamento, que desenha dramaticamente o *eu*-personagem, transformando em atos os seus estados de ânimo, exteriorizando em movimentos e gestos as suas emoções: "Passeio os dias / Pelo meu corredor"; "Vivo fumando"; "Meus tristes lábios imprimi ardentes / No poento vidro que te guarda o sono"; "Aqui lânguido debati-me"; "acordo palpitante"; "as minhas lágrimas / Banham os meus olhos, e suspiro e gemo"; [...] eu acordava / Arquejando a beijar meu travesseiro?".

Pelo que implicam de gestualidade, por seu valor de insígnias do sujeito lírico, de sinais externos de sua disposição anímica, as imagens "cigarro", "charuto", "cachimbo", "*cognac*", integram a psicologia extrospectiva que o vai desenhando

---

[6] Cf. PRADO, Décio de Almeida. "A Personagem no Teatro". *In*: CANDIDO, A.; ROSENFELD, A.; PRADO, Décio de A.; GOMES, Paulo E.S. *A Personagem de Ficção*. São Paulo: Perspectiva, 1968. pp. 83-101. [N. da O.]

como ator na cena do texto. Completam assim a sua função poético-dramática, cooperando decisivamente para a teatralização do *eu*.

Ao leitor atento da poesia brasileira não deve passar desapercebida a trama de afinidades entre a poesia de Álvares de Azevedo e a de Augusto dos Anjos. A teatralidade de Álvares será intensificada por Augusto, em cujos poemas a linguagem gestual desarticula-se em paroxismo e a psicologia extrospectiva aponta para a exasperação e o desvario. Os dois autores imprimem ao sujeito lírico de seus poemas a marca do cabotinismo, aqui entendido como histrionismo, como utilização de um disfarce, de uma máscara.[7]

As tensões e polaridades não se restringem ao plano da representação; elas se projetam e se consubstanciam nas formas de expressão, originando rica diversidade de registros emotivo-estéticos. O confronto mais flagrante é o que se trava entre acento lírico e diapasão humorístico, que implicam, respectivamente, as atitudes de envolvimento e distanciamento do poeta em relação à sua matéria, e que concretizam, no nível da

[7] Sobre cabotinismo em literatura, ver: ANDRADE, Mário de. "Do Cabotinismo". *In*: ____. *O Empalhador de Passarinho*. 2.ª ed. São Paulo: Martins, 1955. pp. 77-81; ROSENFELD, Anatol. "Mário e o Cabotinismo". *In*: ____. *Texto/Contexto*. São Paulo: Perspectiva, 1969. pp. 181-196. [N. da O.]

enunciação, a “medalha de duas faces” – metáfora estrutural de *Lira dos Vinte Anos*.

Categoria que enforma, por excelência, o discurso artístico do século XX, o humor confere à poesia de Álvares de Azevedo uma feição ímpar no Romantismo brasileiro e dele advém parte de seu poder de sedução sobre a sensibilidade moderna. Tanto quanto (ou mais que) a função defensiva, de escudo contra o sofrimento, valorizava no humor a função ofensiva, acentuando seus componentes de agressividade e dele fazendo instrumento de autopunição, por escárnio, ridicularizando a tendência do *eu* à excessiva idealização, que por vezes assume conotações depreciativas, assimilando-se às noções de ingenuidade e de alienação do real. Identificando-se como “trovador sem crença” (“Soneto”, *Poesias Diversas*), o sujeito poético cria uma correlação entre ceticismo e sua determinação “quero rir-me de tudo que eu amava”, o que permite estender ao humor a definição feita por Macário: “a descrença é a filha enjeitada do desespero”. Nesse sentido, o autor referendaria a natureza ambivalente – tragicômica – da linguagem humorística.

(Em tempo: esclareça-se que não se faz aqui relação entre riso e humor; apenas leu-se “rir” como **zombar**, **escarnecer**, e o propósito “quero rir-me” como fator determinante do discurso humorístico. Acrescente-se: o soneto em questão é univocamente sério e grave.)

Triunfo do princípio de prazer sobre o princípio de realidade, afirmação vitoriosa do *eu*, que se recusa a deixar-se subjugar pelo sofrimento, atitude de superioridade diante do real, o humor confina com narcisismo. Por isso, existe como virtualidade em escritores extremamente voltados para dentro de si mesmos, que poderão atualizá-la ou não, dependendo de uma série de injunções pessoais ou histórico-culturais. Álvares de Azevedo soube explorar com precisão e sutileza a sua complexidade e ambiguidade e em alguns poemas usou-o com tal refinamento que dele fez um signo de aristocracia espiritual do sujeito poético. Entre as múltiplas funções e valores que o poeta atribuiu ao humor, importa enfatizar a invariante que a todas engloba: a de elemento decisivo de seu programa inovador, que visava desestabilizar a supremacia do sentimentalismo, do elegíaco, do lirismo de tons saudosos e graves, vigente na poesia romântica brasileira, que a ele lhe parecia um canto de uma nota só – uma "monodia amorosa". Para o leitor de hoje, é uma aventura intelectual de raro prazer constatar que o mesmo jovem de 20 anos que exacerbou a dramaticidade romântica, levando-a ao máximo de tensão e desespero, empenhou-se em desdramatizar o drama, pelo exercício de dissolvente e requintado humor.

É frequente encontrar-se em *Lira dos Vinte Anos* e em *Poesias Diversas* um mesmo motivo desenvolvido em claves distintas, a lírica e a humorística. Ora o poeta idealiza e sacraliza a mulher, que descreve com metáforas ascensionais e sublimadoras e com símiles delicados e "poéticos":

> Eu sei, mimosa, que tu és um anjo
> E vives de sonhar, como as Ondinas,
> E és triste como a rôla, e quando dormes
> Do peito exalas músicas divinas!
>
> ("Teresa", *Poesias Diversas*)

ora a dessacraliza, degradando-a pelas notações prosaicas e vulgares:

> Como dormia! que profundo sono!...
> Tinha na mão o ferro do engomado...
> Como roncava maviosa e pura!...
> Quase caí na rua desmaiado!
>
> ("É Ela! É Ela! É Ela! É Ela!".)

A ânsia de amar e o sentimento de frustração, temas recorrentes, desenvolvem-se em tonalidades divergentes:

De fogosas visões nutri meu peito...
Vinte anos!... sem viver um só momento!
("Saudades")

Mas o que é triste e dói ao mundo inteiro:
É sentir todo o seio palpitando...
Cheio de amores! e dormir solteiro!
("Soneto", *Poesias Diversas*)

À "Lembrança de Morrer" e "Se Eu Morresse Amanhã", exemplos do melhor lirismo romântico, contrapõe-se o humor de "O Poeta Moribundo", contraposição que não nega o Romantismo, antes o afirma, ao pôr em foco o tema da cisão da consciência e da duplicidade do *eu*.

A vertente lírica de Álvares de Azevedo, ainda que de qualidade mais irregular do que a humorística, não fatiga o leitor pela monotonia; ao contrário, ela o surpreende pela pluralidade de modulações. A que mais afina com o gosto moderno é a dicção econômica, despojada e depurada, que represa a emoção, e que tem seus grandes momentos, entre outros, nos poemas "Adeus, meus Sonhos!", "O Lenço dela", "Saudade", e particularmente nos já citados "Se Eu Morresse Amanhã" e "Lembrança de Morrer", de decantado lirismo, que conquistam o leitor pelo efeito de naturalidade e pela emoção condensada e contida.

Em tensão com o *pattern* da sobriedade e discrição, irrompe o discurso que fala do desejo e da frustração com emoção transbordante e desabrida franqueza, exemplarmente realizado nos fragmentos VIII, IX e X de "Ideias Íntimas". Amplificando o extravasamento emotivo, "Lembrança dos Quinze Anos" impõe-se à atenção do leitor pelo despudor da confissão e ousadia de não temer o ridículo; esta modalidade de dicção se constituiria para o poeta em alvo predileto da ironia, que "não é mais que uma das faces do pudor".[8] Neste e em outros poemas, Álvares de Azevedo confere estatuto poético às inquietudes eróticas do adolescente.

Volta e meia o leitor depara com versos marcados pela empostação impactante (de efeito aqui e agora), pelos símiles do **baixo**, pelo gosto do desmesurado que não admite meios tons, pela ausência do que se convencionou chamar de bom-senso e de bom-gosto, versos que Augusto dos Anjos assinaria com deleite:

---

[8] JANKELEVITCH, Vladimir. *L'Ironie*. Paris: Flammarion, 1964. p. 176.

Sorris? eu sou um louco. As utopias,
Os sonhos da ciência nada valem.
A vida é um escárnio sem sentido,
Comédia infame que ensanguenta o lodo.

....

E que vida, mulher! que dor profunda,
Faminta como um verme aqui no peito
(“Glória Moribunda”, *Poesias Diversas*)

Em contraposição a este último padrão discursivo, registra-se com frequência o extremo oposto: uma frase virtualmente dizível por qualquer falante. Por faltar-lhe um traço mais facilmente perceptível de individualidade e elaboração, ela parece assemelhar-se mais ao discurso coletivo, oral e espontâneo, do que ao discurso literário escrito. Pedindo emprestada a Roland Barthes a terminologia *grau zero da escrita* (e não exatamente o conceito que ela designa), assim denominaríamos esse comportamento, caro, por sua aparente simplicidade, ao gosto moderno. Deslocado de uma potencial terra de ninguém da linguagem para um livro de poesia, o discurso *grau zero da escrita* provoca um efeito de estranhamento e transforma-se em grau cem da escrita; o que seria um lugar-comum vira expressivo lugar-incomum, por seu caráter de imprevisibilidade no contexto do poema. São numerosos os exemplos desse procedimento no Modernismo, particularmente em Drummond e Bandeira. De uma longa lista de ocorrências de tal fenômeno em Álvares de Azevedo destaca-se como uma das mais modernas: "Deito-me só e triste sem ter fome".

(Não nos parece exagero dizer deste verso aquilo que, em sua análise de "Poema Só para Jaime Ovalle" de Manuel Bandeira, diz David Arrigucci Jr. sobre o verso "Bebi o café que eu mesmo preparei": "... este verso admiravelmente simples e extraordinariamente significativo")[9].

As alusões no corpo dos poemas a escritores de nacionalidades diversas e o uso constante de epígrafes, na maioria extraídas de autores franceses e ingleses e transcritas na língua original, fornecem dados valiosos sobre a formação literária do poeta. O Professor Stoll, diretor do colégio em que estudou no Rio de Janeiro dos 9 aos 13 anos, dizia em carta de 1841 ao pai do pequeno Manuel Antônio que era verdadeiramente admirável como ele falava inglês e francês. Em carta anterior, datada de 1840, dava um comovido testemu-

[9] ARRIGUCI JR.; Davi. *A Poesia de Manuel Bandeira*. Humildade, paixão e morte. São Paulo: Companhia das Letras, 1990. p. 84.

nho: "Quanto mais analiso este menino, mais felicito o senhor por ter tal filho. Se Deus der a ele vida e saúde, o senhor verá que se tornará alguma coisa de bom, de muito bom".[10] Os votos do Dr. Stoll só em parte se realizaram: Álvares morre aos vinte anos e seis meses, vítima de tuberculose e de um tumor na fossa ilíaca, decorrente de uma queda de cavalo – confirmação irônica do velho clichê segundo o qual a vida imita a arte...[11]

O pai do poeta, Inácio Manuel Álvares de Azevedo, de família paulista ilustre e abastada, que amava com extremos o filho e se orgulhava de seu talento, um ano após a sua morte, publica no Rio de Janeiro a primeira edição de suas obras, em dois volumes, que não tardou a esgotar-se, surgindo em 1862 uma segunda edição, aumentada de um volume.

Da ressonância da obra de Álvares de Azevedo nos escritores brasileiros das últimas décadas dá testemunho a apropriação feita por Paulo Cesar Coutinho do título *Lira dos Vinte Anos*, com o qual ele nomeia excelente drama de sua autoria.

---

[10] AZEVEDO, Álvares. *Obras de Álvares de Azevedo*. Tomo I. Rio de Janeiro: Garnier s/d., p. 76.

[11] Ver o poema "Namoro a Cavalo". [N. da O.]

Ana Cristina César, poeta de primeira linha de sua geração, incorpora a "Guia Semanal de Ideias"[12] pequenos segmentos dos poemas "Por que Mentias?" e "Meu Desejo":

> Lauto café à beira-mar. Mímicas no ônibus.
> Emoção exagerada, demais, imotivada. Dildo
> ligou, pobre. Darei bola? Anoto no diário
> versinhos de Álvares de Azevedo. **Eu morro, eu**
> **morro, leviana sem dó, por que mentias. Meu**
> **desejo? Era ser...**
>
> (o grifo é nosso)

Com a ambiguidade da paródia – lembre-se o verso de Manuel Antonio "Quero rir-me de tudo que eu amava" – talvez seja essa apropriação de Ana Cristina um dos mais eloquentes depoimentos sobre o poder que tem a poesia de Álvares de Azevedo de falar à sensibilidade de nosso tempo.

---

[12] CESAR, Ana Cristina. *A Teus Pés*. 4.ª ed. São Paulo: Brasiliense, 1987. p. 78-9.

ANTOLOGIA

Lembrança de Morrer*

No more! o never more!

SHELLEY

Quando em meu peito rebentar-se a fibra
Que o espírito enlaça à dor vivente,
Não derramem por mim nem uma lágrima
    Em pálpebra demente.

E nem desfolhem na matéria impura
A flor do vale que adormece ao vento:
Não quero que uma nota de alegria
Se cale por meu triste passamento.

Eu deixo a vida como deixa o tédio
Do deserto, o poento caminheiro
– Como as horas de um longo pesadelo
Que se desfaz ao dobre de um sineiro;

Como o desterro de minh'alma errante,
Onde fogo insensato a consumia:

---

* *In: Poesias Completas*. São Paulo: Saraiva, 1957, pp. 146-148.

Só levo uma saudade – é desses tempos
Que amorosa ilusão embelecia.

Só levo uma saudade – é dessas sombras
Que eu sentia velar nas noites minhas...
De ti, ó minha mãe, pobre coitada
Que por minha tristeza te definhas!

De meu pai... de meus únicos amigos,
Poucos – bem poucos – e que não zombavam
Quando, em noites de febre endoudecido,
Minhas pálidas crenças duvidavam.

Se uma lágrima as pálpebras me inunda,
Se um suspiro nos seios treme ainda
É pela virgem que sonhei... que nunca
Aos lábios me encostou a face linda!

Só tu à mocidade sonhadora
Do pálido poeta deste flores...
Se viveu, foi por ti! e de esperança
De na vida gozar de teus amores.

Beijarei a verdade santa e nua,
Verei cristalizar-se o sonho amigo....
Ó minha virgem dos errantes sonhos,
Filha do céu, eu vou amar contigo!

Descansem o meu leito solitário
Na floresta dos homens esquecida,
A sombra de uma cruz, e escrevam nela:
– Foi poeta – sonhou – e amou na vida. –

Sombras do vale, noites da montanha
Que minha alma cantou e amava tanto,
Protegei o meu corpo abandonado,
E no silêncio derramai-lhe um canto!

Mas quando preludia ave d'aurora
E quando à meia-noite o céu repousa,
Arvoredos do bosque, abri os ramos...
Deixai a lua prantear-me a lousa!

Se Eu Morresse Amanhã!*

Se eu morresse amanhã, viria ao menos
Fechar meus olhos minha triste irmã;
Minha mãe de saudades morreria
    Se eu morresse amanhã!

Quanta glória pressinto em meu futuro!
Que aurora de porvir e que manhã!
Eu perdera chorando essas coroas
    Se eu morresse amanhã!

Que sol! que céu azul! que doce n'alva
Acorda a natureza mais louçã!
Não me batera tanto amor no peito
    Se eu morresse amanhã!

Mas essa dor da vida que devora
A ânsia de glória, o dolorido afã...
A dor no peito emudecera ao menos
    Se eu morresse amanhã!

---

* *In: Poesias Completas*. São Paulo: Saraiva, 1957, p. 345.

O Poeta Moribundo*

Poetas! amanhã ao meu cadáver
Minha tripa cortai mais sonorosa!...
Façam dela uma corda, e cantem nela
Os amôres da vida esperançosa!

Cantem esse verão que me alentava...
O aroma dos currais, o bezerrinho,
As aves que na sombra suspiravam,
E os sapos que cantavam no caminho!

Coração, por que tremes? Se esta lira
Nas minhas mãos sem fôrça desafina,
Enquanto ao cemitério não te levam,
Casa no marimbau a alma divina!

Eu morro qual nas mãos da cozinheira
O marreco piando na agonia...

---

* Poema VI de "*Spleen* e Charutos". *In: Poesias completas*. São Paulo: Saraiva, 1957, pp. 216-218

Como o cisne de outrora... que gemendo
Entre os hinos de amor se enternecia.

Coração, por que tremes? Vejo a morte,
Ali vem lazarenta e desdentada...
Que noiva!.. E devo então dormir com ela?..
Se ela ao menos dormisse mascarada!

Que ruínas! que amor petrificado!
Tão antediluviano e gigantesco!
Ora, façam ideia que ternuras
Terá essa lagarta posta ao fresco!

Antes mil vezes que dormir com ela,
Que dessa fúria o gôzo, amor eterno...
Se ali não há também amor de velha,
Deem-me as caldeiras do terceiro Inferno!

No inferno estão suavíssimas belezas,
Cleópatras, Helenas, Eleonoras;
Lá se namora em boa companhia,
Não pode haver inferno com Senhoras!

Se é verdade que os homens gozadores,
Amigos de no vinho ter consolos,
Foram com Satanás fazer colônia,
Antes lá que do Céu sofrer os tolos! –

Ora! e forcem um'alma qual a minha
Que no altar sacrifica ao Deus-Preguiça
A cantar ladainha eternamente
E por mil anos ajudar a Missa!

Luar de Verão*

O que vês, trovador? – Eu vejo a lua
Que sem lavor a face ali passeia;
No azul do firmamento inda é mais pálida
Que em cinzas do fogão uma candeia.

O que vês, trovador? – No esguio tronco
Vejo erguer-se o chinó de uma nogueira...
Além se entorna a luz sobre um rochedo
Tão liso como um pau-de-cabeleira.

Nas praias lisas a maré enchente
S'espraia cintilante d'ardentia....
Em vez de aromas as doiradas ondas
Respiram efluviosa maresia!

O que vês, trovador? – No céu formoso
Ao sopro dos favônios feiticeiros
Eu vejo – e tremo de paixão ao vê-las –
As nuvens a dormir, como carneiros.

---

* Poema V de "*Spleen* e Charutos". *In: Poesias Completas*. São Paulo: Saraiva, 1957, pp. 215-216

E vejo além, na sombra do horizonte,
Como viúva moça envolta em luto,
Brilhando em nuvem negra estrela viva
Como na treva a ponta de um charuto.

Teu romantismo bebo, ó minha lua,
A teus raios divinos me abandono,
Torno-me vaporoso, e só de ver-te
Eu sinto os lábios meus se abrir de sono.

O Lenço dela*

Quando a primeira vez, da minha terra
Deixei as noites de amoroso encanto,
A minha doce amante suspirando
Volveu-me os olhos úmidos de pranto.

Um romance cantou de despedida,
Mas a saudade amortecia o canto!
Lágrimas enxugou nos olhos belos
E deu-me o lenço que molhava o pranto.

Quantos anos contudo já passaram!
Não olvido porém amor tão santo!
Guardo ainda num cofre perfumado
O lenço dela que molhava o pranto...

Nunca mais a encontrei na minha vida,
Eu contudo, meu Deus, amava-a tanto!
Oh! quando eu morra estendam no meu rosto
O lenço que eu banhei também de pranto!

---

* *In: Poesias Completas*. São Paulo: Saraiva, 1957, p. 269.

Por que Mentias?*

Por que mentias, leviana e bela?
Se minha face pálida sentias
Queimada pela febre, e minha vida
Tu vias desmaiar, por que mentias?

Acordei da ilusão, a sós morrendo
Sinto na mocidade as agonias.
Por tua causa desespero e morro....
Leviana sem dó, por que mentias?

Sabe Deus se te amei! sabem as noites
Essa dor que alentei, que tu nutrias!
Sabe esse pobre coração que treme,
Que a esperança perdeu, porque mentias!

Vê minha palidez – a febre lenta,
Esse fogo das pálpebras sombrias...
Pousa a mão no meu peito! Eu morro! eu
Leviana sem dó, por que mentias? [morro!

* *In: Poesias Completas*. São Paulo: Saraiva, 1957, pp. 241-2412.

✤ A mulher leviana é um tópico romântico. Ver, entre outros, “A Leviana”, de Gonçalves Dias e “O Adeus de Teresa”, de Castro Alves. Giuseppe Verdi deu feição emblemática ao tópico na ária “La Donna É Mobile”, da ópera *Rigoletto*. [N. da O.]

Adeus, meus Sonhos!*

Adeus, meus sonhos, eu pranteio e morro!
Não levo da existência uma saudade!
E a tanta vida que meu peito enchia
Morreu na minha triste mocidade!

Misérrimo! votei meus pobres dias
À sina douda de um amor sem fruto,
A minha alma na treva agora dorme
Como um olhar que a morte envolve em luto.
Que me resta, meu Deus? morra comigo
A estrela de meus cândidos amores
Já que não levo no meu peito morto
Um punhado sequer de murchas flores!

* *In: Poesias Completas*. São Paulo: Saraiva, 1957, p. 306.

Ideias Íntimas*

VIII

O pobre leito meu desfeito ainda
A febre aponta da noturna insônia.
Aqui lânguido a noite debati-me
Em vãos delírios anelando um beijo...
E a donzela ideal nos róseos lábios,
No doce berço do moreno seio
Minha vida embalou estremecendo...
Foram sonhos contudo. A minha vida
Se esgota em ilusões. E quando a fada
Que diviniza meu pensar ardente
Um instante em seus braços me descansa
E roça a medo em meus ardentes lábios
Um beijo que de amor me turva os olhos,
Me ateia o sangue, me enlanguesce a fronte.
Um espírito negro me desperta,
O encanto do meu sonho se evapora
E das nuvens de nácar da ventura
Rolo tremendo à solidão da vida!

* *In: Poesias Completas.* São Paulo: Saraiva, 1957, p. 176.

Ideias Íntimas*

XI

Junto do leito meus poetas dormem
– O Dante, a Bíblia, Shakespeare e Byron –
Na mesa confundidos. Junto deles
Meu velho candeeiro se espreguiça
E parece pedir a formatura.
Ó meu amigo, ó velador noturno,
Tu não me abandonaste nas vigílias,
Quer eu perdesse a noite sobre os livros,
Quer, sentado no leito, pensativo
Relesse as minhas cartas de namoro!
Quero-te muito bem, ó meu comparsa
Nas doudas cenas de meu drama obscuro!
E num dia de *spleen*, vindo a pachorra,
Hei de evocar-te num poema heroico
Na rima de Camões e de Ariosto
Como padrão às lâmpadas futuras!

* *In: Poesias Completas*. São Paulo: Saraiva, 1957, p. 178.

Meu Sonho*

Eu

Cavaleiro das armas escuras,
Onde vais pelas trevas impuras
Com a espada sanguenta na mão?
Por que brilham teus olhos ardentes
E gemidos nos lábios frementes
Vertem fogo do teu coração?

Cavaleiro, quem és? o remorso?
Do corcel te debruças no dorso...
E galopas do vale através...
Oh! da estrada acordando as poeiras
Não escutas gritar as caveiras
E morder-te o fantasma nos pés?

Onde vais pelas trevas impuras,
Cavaleiro das armas escuras,

---

* *In: Poesias Completas*. São Paulo: Saraiva, 1957, pp. 255-256.

✤ Poema absolutamente singular na poesia do autor, não se assemelhando a nenhum outro. É objeto de excelente estudo de Antonio Candido em *Na sala de aula*. [N. da O.]

Macilento qual morto na tumba?
Tu escutas... Na longa montanha
Um tropel teu galope acompanha?
E um clamor de vingança retumba?

Cavaleiro, quem és? – que mistério,
Quem te força da morte no império
Pela noite assombrada a vagar?

O Fantasma

Sou o sonho de tua esperança,
Tua febre que nunca descansa,
O delírio que te há de matar!...

Namoro a Cavalo*

Eu moro em Catumbi. Mas a desgraça
Que rege minha vida malfadada
Pôs lá no fim da rua do Catete
A minha Dulcineia namorada.

Alugo (três mil réis) por uma tarde
Um cavalo de trote (que esparrela!)
Só para erguer meus olhos suspirando
A minha namorada na janela....

Todo o meu ordenado vai-se em flores
E em lindas folhas de papel bordado
Onde eu escrevo trêmulo, amoroso,
Algum verso bonito... mas furtado.

Morro pela menina, junto dela
Nem ouso suspirar de acanhamento...

---

* *In: Poesias Completas*. São Paulo: Saraiva, 1957, pp. 229-230.

✤ Antonio Carlos Secchin, no livro de poesia *Todos os ventos*, faz no poema "É Ele!" uma paródia de "Namoro a Cavalo" e "É Ela! É Ela! É Ela! É Ela!". [N. da O.]

Se ela quisesse eu acabava a história
Como tôda a Comédia – em casamento.

Ontem tinha chovido... que desgraça!
Eu ia a trote inglês ardendo em chama,
Mas lá vai senão quando uma carroça
Minhas roupas tafuis encheu de lama....

Eu não desanimei. Se Dom Quixote
No Rocinante erguendo a larga espada
Nunca voltou de medo, eu, mais valente,
Fui mesmo sujo ver a namorada...

Mas eis que no passar pelo sobrado
Onde habita nas lojas minha bela
Por ver-me tão lodoso ela irritada
Bateu-me sobre as ventas a janela...

O cavalo ignorante de namoros
Entre dentes tomou a bofetada,
Arrepia-se, pula, e dá-me um tombo
Com pernas para o ar, sobre a calçada...

Dei ao diabo os namoros. Escovado
Meu chapéu que sofrera no pagode
Dei de pernas corrido e cabisbaixo
E berrando de raiva como um bode.

Circunstância agravante. A calça inglesa
Rasgou-se no cair de meio a meio,
O sangue pelas ventas me corria
Em paga do amoroso devaneio!...

Prefácio*

Cuidado, leitor, ao voltar esta página!

Aqui dissipa-se o mundo visionário e platônico. Vamos entrar num mundo novo, terra fantástica, verdadeira ilha Baratária de D. Quixote, onde Sancho é rei, e vivem Panúrgio, sir John Falstaff, Bardolph, Figaro e o Sganarello de D. João Tenório[1] – a pátria dos sonhos de Cervantes e Shakespeare.

Quase que depois de Ariel esbarramos em Caliban.

A razão é simples. É que a unidade deste livro funda-se numa binomia. Duas almas que moram nas cavernas de um cérebro pouco mais ou menos de poeta escreveram este livro, verdadeira medalha de duas faces.

Demais, perdoem-me os poetas do tempo, isto aqui é um tema, senão mais novo, menos esgotado ao menos que o sentimentalismo tão *fashionable* desde Werther e René.

---

* *In: Poesias Completas*. São Paulo: Saraiva, 1957, pp. 151-153.

✤ Prefácio à segunda parte da *Lira dos Vinte Anos*. [N. da O.]

[1] *Panúrgio*, personagem do *Pantagruel* de Rabelais; *Sir John Falstaff*, das peças *The Merry Wives of Windsor* e *Henry IV* (partes I e II) de Shakespeare; *Bardolph*, dessas mesmas peças e mais *Henry V*; *Sganarello* (Sganarelle), o *valet* do *Don Juan*, de Molière.

Por um espírito de contradição, quando os homens se veem inundados de páginas amorosas, preferem um conto de Boccaccio, uma caricatura de Rabelais, uma cena de Falstaff no *Henrique IV* de Shakespeare, um provérbio fantástico daquele *polisson*[2] Alfredo de Musset, a todas as ternuras elegíacas dessa poesia de arremedo que anda na moda, e reduz as moedas de oiro sem liga dos grandes poetas ao troco de cobre, divisível até ao extremo, dos liliputianos poetastros. – Antes da Quaresma há o Carnaval.

Há uma crise nos séculos como nos homens. É quando a poesia cegou deslumbrada de fitar-se no misticismo, e caiu do céu sentindo exaustas as suas asas de oiro.

O poeta acorda na terra. Demais, o poeta é homem. *Homo sum*, como dizia o célebre Romano[3]. Vê, ouve, sente e, o que é mais, sonha de noite as belas visões palpáveis de acordado. Tem nervos, tem fibra e tem artérias – isto é, antes e depois de ser um ente idealista, é um ente que tem corpo. E, digam o que quiserem, sem esses elementos, que sou o primeiro a reconhecer muito prosaicos, não há poesia.

---

[2] *Polisson*, libertino.

[3] Terêncio.

⚜ As notas 1, 2 e 3 foram transcritas da edição indicada na abertura deste ensaio. Confronte-se p. 1. [N. da O.]

O que acontece? Na exaustão causada pelo sentimentalismo, a alma ainda trêmula e ressoante da febre do sangue, a alma que ama e canta porque sua vida é amor e canto, o que pode senão fazer o poema dos amores da vida real? Poema talvez novo, mas que encerra em si muita verdade e muita natureza, e que sem ser obsceno pode ser erótico sem ser monótono. Digam e creiam o que quiserem. Todo o vaporoso da visão abstrata não interessa tanto como a realidade formosa da bela mulher a quem amamos.

O poema então começa pelos últimos crepúsculos do misticismo brilhando sobre a vida como a tarde sobre a terra. A poesia puríssima banha com seu reflexo ideal a beleza sensível e nua.

Depois a doença da vida, que não dá ao mundo objetivo cores tão azuladas como o nome britânico de *blue devils*, descarna e injeta de fel cada vez mais o coração. Nos mesmos lábios onde suspirava a monodia amorosa, vem a sátira que morde.

É assim. Depois dos poemas épicos Homero escreveu o poema irônico. Goethe depois de *Werther* criou o *Faust*. Depois de *Parisina* e o *Giaour* de Byron vem o *Cain* e *Don Juan* –*Don Juan* que começa como *Cain* pelo amor, e acaba como ele pela descrença venenosa e sarcástica.

Agora basta.

Ficarás tão adiantado agora, meu leitor, como se não lesses essas páginas, destinadas a não ser lidas. Deus me perdoe! assim é tudo! até os prefácios!

Vagabundo*

Eat, drink and love; what can the rest avail us!

Byron, *Don Juan*[1]

Eu durmo e vivo ao sol como um cigano,
Fumando meu cigarro vaporoso;
Nas noites de verão namoro estrelas;
Sou pobre, sou mendigo, e sou ditoso!

Ando roto, sem bolsos nem dinheiro;
Mas tenho na viola uma riqueza:
Canto à lua de noite serenatas,
E quem vive de amor não tem pobreza.

Não invejo ninguém, nem ouço a raiva
Nas cavernas do peito, sufocante,
Quando à noite na treva em mim se entornam
Os reflexos do baile fascinante.

---

* Poema III de "*Spleen* e Charutos". *In: Poesias Completas.* São Paulo: Saraiva, 1957, pp. 213-214.

1 Don Juan, II, CCVII.

Namoro e sou feliz nos meu amores;
Sou garboso e rapaz... Uma criada
Abrasada de amor por um soneto
Já um beijo me deu subindo a escada...

Oito dias lá vão que ando cismando
Na donzela que ali defronte mora.
Ela ao ver-me sorri tão docemente!
Desconfio que a moça me namora!...

Tenho por meu palácio as longas ruas;
Passeio a gosto e durmo sem temores;
Quando bebo, sou rei como um poeta,
E o vinho faz sonhar com os amores.

O degrau das igrejas é meu trono,
Minha pátria é o vento que respiro,
Minha mãe é a lua macilenta
E a preguiça a mulher por quem suspiro.

Escrevo na parede as minhas rimas,
De painéis a carvão adorno a rua;
Como as aves do céu e as flores puras
Abro meu peito ao sol e durmo à lua.

Sinto-me um coração de lazzaroni;
Sou filho do calor, odeio o frio;
Não creio no diabo nem nos santos...
Rezo à Nossa Senhora, e sou vadio!

Ora, se por aí alguma bela
Bem doirada e amante da preguiça
Quiser a nívea mão unir à minha
Há de achar-me na Sé, domingo, à Missa.

Por Mim?*

Teus olhos negros uma vez fitando
Senti que luz mais branda os acendia,
Pálida de languor, eu vi-te olhando –
Mulher do meu amor, meu serafim,
Esse amor que em teus olhos refletia...
    Talvez! – era por mim?

Pendeste, suspirando, a face pura,
Morreu nos lábios teus um ai perdido...
Tão ébrio de paixão e de ventura!
Mulher do meu amor, meu serafim,
Por quem era o suspiro amortecido?
    Suspiravas por mim?

Mas... eu sei!.... ai de mim? Eu vi na dança
Um olhar que em teus olhos se fitava....
Ouvi outro suspiro... d'esperança!
Mulher do meu amor, meu serafim,
Teu olhar, teu suspiro que matava...
    Oh! não eram por mim!

---

* *In: Poesias Completas*. São Paulo: Saraiva, 1957, p. 282.

Bibliografia Seleta do Autor

Lira dos Vinte Anos (poesia).

Macário (teatro).

A Noite na Taverna (contos).

Bibliografia Seleta sobre o Autor

ANDRADE, Mário de. "Amor e Medo". *In*: *Revista Nova*, ano I, n.º 3, pp. 437-469. Posteriormente incluído em *O Aleijadinho e Álvares de Azevedo*.

CAMILO, Vagner. "Allegro Ma Non Tropo: Álvares de Azevedo e o *Humour*". In: ___. *Risos entre Pares*. Poesia e Humor Românticos. Parte II. São Paulo: Edusp/Imprensa Oficial, 1997, pp. 51-96.

CANDIDO, Antonio. "A Educação Pela Noite". *In*: ___. *A Educação pela Noite e outros Ensaios*. São Paulo: Ática, 1987, pp. 10-22.

_____. "Cavalgada Ambígua". In: ___. *Na Sala de Aula*. Caderno de análise literária. São Paulo: Ática, 1985, pp. 38-51.

NEGRÃO, Maria José da Trindade. *Álvares de Azevedo*. Poesia. Rio de Janeiro: Agir Editora, 1957. Col. Nossos Clássicos, 1957.

SECCHIN, Antonio Carlos. "*Noite na Taverna*: a Transgressão Romântica". *In*: ___. *Poesia e desordem*. Rio de Janeiro: Topbooks, 1996, pp. 173-185.

DEDICATÓRIA

Para Carlos Augusto Santos Neves

Série Essencial

001 Oswaldo Cruz, *Moacyr Scliar*
002 Antônio Houaiss, *Afonso Arinos, filho*
003 Peregrino Júnior, *Arnaldo Niskier*
004 João do Rio, *Lêdo Ivo*
005 Gustavo Barroso, *Elvia Bezerra*
006 Rodolfo Garcia, *Maria Celeste Garcia*
007 Pedro Rabelo, *Ubiratan Machado*
008 Afonso Arinos de Melo Franco, *Afonso Arinos, filho*
009 Laurindo Rabelo, *Fábio Frohwein de Salles Moniz*
010 Artur Azevedo, *Sábato Magaldi*
011 Afonso Arinos, *Afonso Arinos, filho*
012 Cyro dos Anjos, *Sábato Magaldi*
013 Euclides da Cunha, *José Maurício Gomes de Almeida*
014 Alfredo Pujol, *Fabio de Sousa Coutinho*
015 João Cabral de Melo Neto, *Ivan Junqueira*
016 Ribeiro Couto, *Elvia Bezerra*
017 José do Patrocínio, *Cecilia Costa Junqueira*
018 Bernardo Élis, *Gilberto Mendonça Teles*
019 Teixeira de Melo, *Ubiratan Machado*
020 Humberto de Campos, *Benicio Medeiros*

IMPRENSA OFICIAL DO ESTADO DE SÃO PAULO

Diretor Industrial: *Teiji Tomioka*
Diretor Financeiro: *Flávio Capello*
Diretora de Gestão de Negócios: *Lucia Maria Dal Medico*

Gerente de Produtos Editoriais e Institucionais: *Vera Lúcia Wey*

Coordenadora Editorial: *Cecília Scharlach*
Assistente Editorial: *Viviane Vilela*
Produtora Gráfica: *Nanci Roberta da Silva Cheregati*

CTP, Impressão e Acabamento: *Imprensa Oficial do Estado de São Paulo*

Rua da Mooca, 1.921 Mooca
03103 902 São Paulo SP
sac 0800 01234 01
sac@imprensaoficial.com.br
livros@imprensaoficial.com.br
www.imprensaoficial.com.br

GOVERNO DO ESTADO DE SÃO PAULO
Governador: *Alberto Goldman*

IMPRENSA OFICIAL DO ESTADO DE SÃO PAULO
Diretor-Presidente: *Hubert Alquéres*